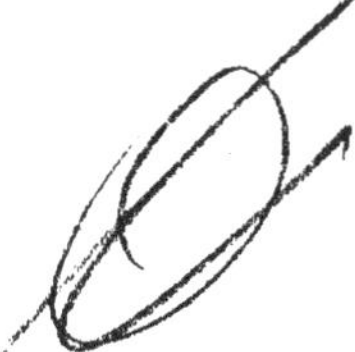

COLLECTION

M. LE VICOMTE DE T...

TABLEAUX ANCIENS

OBJETS D'ART

ET D'AMEUBLEMENT

Tapisseries

Tentures et Etoffes brodées

Sculptures

Mᵉ G. DUCHESNE | **M. A. BLOCHE**

COMMISSAIRE-PRISEUR | EXPERT PRÈS LA COUR D'APPEL

6, rue de Hanovre, 6 | 28, rue de Chateaudun, 28

PARIS 1897

EXEMPLAIRE DE H. STETTINER

IMPRIMERIE MAULDE et RENOU

MAULDE, DOUMENC & C⁰

IMPRIMEURS DE LA COMPAGNIE DES COMMISSAIRES-PRISEURS

Rue de Rivoli, 144. — Paris

CATALOGUE

DE

TABLEAUX ANCIENS

Parmi lesquels des œuvres intéressantes de

BREMBERG, CARRACHE, A. FRAGONARD, HOBBÉMA, MAAS
METSU, PORBUS, RUYSDAEL, REMBRANDT, TRINQUESSE, DAVID TENIERS
WYNANTZ, VAN OSTADE
VAN GOYEN, VAN HOUT, VAN DER NEER, J. DE WIT

Miniatures, Gouaches

OBJETS D'ART & D'AMEUBLEMENT

Porcelaines, Faïences anciennes, Argenterie, Bronzes, Cuivres
Fers forgés

BELLE STATUE ET BUSTE EN MARBRE

MEUBLES GOTHIQUES, RENAISSANCE
ET DIX-HUITIÈME SIÈCLE

Belle Chaise à porteurs, joli Trumeau Louis **XV**

TAPISSERIES DU XVIIIe SIÈCLE

Riches Étoffes et Tentures brodées

FORMANT

La Collection de M. le Vicomte de T...

DONT LA VENTE AURA LIEU

HOTEL DROUOT, SALLE Nᵒ 1

Le Lundi 22 Mars 1897, à 2 heures

Mᵉ **G. DUCHESNE**	**M. A. BLOCHE**
COMMISSAIRE-PRISEUR	EXPERT PRÈS LA COUR D'APPEL
Rue de Hanovre, 6	Rue de Châteaudun, 28

EXPOSITION PUBLIQUE

Le Dimanche 21 Mars 1897, de 2 heures à 5 heures 1/2

CONDITIONS DE LA VENTE

Elle sera faite au comptant.

Les Acquéreurs paieront CINQ CENTIMES PAR FRANC, en sus du prix d'adjudication.

Aucune réclamation ne sera admise une fois l'adjudication prononcée.

MAULDE, DOUMENC et Cie, imprimeurs de la Cie des Commissaires-Priseurs, rue de Rivoli, 144.   600—65203

DESIGNATION

TABLEAUX

—

BOTH

1 — *Paysage accidenté et boisé avec figures.*

Toile : H. 0ᵐ45; L. 0ᵐ36.

BREMBERG (B.)

2 — *La Sainte Famille.*

La Vierge, assise sur un tertre verdoyant, près des ruines d'un palais, reçoit les caresses de l'Enfant qu'elle tient sur ses genoux. A ses pieds, le petit saint Jean est assis, ayant l'agneau à ses côtés; saint Joseph, accoudé, regarde la mère et l'enfant. A gauche, se déroule un riant paysage accidenté animé de bergers et de bestiaux, arrosé par une rivière, traversé par un pont.

Teinte blonde, heureux effet de plein air.

Signé au milieu et daté 1659.

Cuivre : H. 0ᵐ47; Larg. 0ᵐ67.

CARRACHE

3 — *Deux Docteurs.*

L'un en robe rouge, l'autre coiffé d'une toque avec agrafe en pierreries, sont tournés vers la gauche comme prêtant attention à une discussion.

L'expression de ces deux physionomies, la puissance de touche, en sont des plus remarquables.

Toile : H. o^{m}78 ; L. o^{m}66.

DIETRICH

4 — *Le Joueur de flûte.*

Bois : H. o^{m}22 ; L. o^{m}18.

FRAGONARD (A.)

5 — *Serment de fidélité.*

Marie-Thérèse présente son fils aux magnats de Hongrie qui l'acclament.

Composition de nombreuses figures dans laquelle s'attestent la vigueur de conception et l'harmonie du coloris.

Signé à droite.

Toile : H. o^{m}92 ; L. 1^{m}40.

HELDER

6 — *Intérieur de pêcheur.*

Raccommodant son filet, le vieux pêcheur porte à son oreille un coquillage que lui a donné sa fillette assise près de lui.

Signé.

Toile : H. o^{m}40 ; L. o^{m}32.

HOBBÉMA

7 — *Les Environs du moulin.*

Sur une route qui s'étend au milieu du tableau et
longe le canal alimentant le moulin, on voit un cavalier
et un chasseur suivis de leurs chiens se dirigeant vers
les hauteurs boisées, à travers lesquelles on distingue
un horizon heureusement éclairé.

Signé à droite du monogramme.

Bois : H. 0^m57; Larg. 0^m72.

HOBBÉMA (Genre d')

8 — *Le Moulin.*

Paysage boisé animé de figures et de barques.
Signé à gauche.

Bois : H. 0^m20; L. 0^m3o.

LEYDE (Attribué à Lucas de)

9 — *Saint Jérôme dans le désert.*

Il écoute les inspirations de l'Ange.
Joli tableau d'une grande finesse.

Cuivre : H. 0^m29; L. 0^m21.

LEYS (Attribué à)

10 — *Le Prêteur sur gages.*

Bois : H. 0^m18; L. 0^m13.

LEDUC

11 — *Partie carrée.*

Deux gentilshommes et deux femmes, pendant qu'un serviteur leur verse à boire et qu'une servante range les tentures d'un lit, semblent causer galamment.

Bois : H. 0ᵐ23 ; Larg. 0ᵐ33.

LEDUC

12 — *Seigneur et grande Dame se promenant dans un palais.*

Toile : H. 0ᵐ23 ; L. 0ᵐ19.

MAAS (NICOLAS)

13 — *Portrait d'un artiste.*

Représenté de trois quarts, tout de noir vêtu, assis sur une chaise rouge. Au fond, sur un chevalet, un petit tableau ; et, sur une table, sa palette.

Cuivre : H. 0ᵐ19 ; Larg. 0ᵐ15.

METSU

14 — *Portrait de femme.*

Toute de noir habillée avec corsage et parements de manches blancs, assise, la tête tournée de trois quarts et les mains croisées.

Joli petit tableau.

Bois : H. 0ᵐ20 ; Larg. 0ᵐ15.

MURILLO (École de)

15 — *La Vierge et l'Enfant.*

Toile ovale : H. 0^m52 ; L. 0^m44.

MYTENS

16 — *Une Famille noble dans un parc.*

Importante composition de huit personnages grandeur nature. A gauche un jeune seigneur offre un lièvre à son père, assis sur un siège très élevé. Deux lévriers sont à ses côtés. Au premier plan, deux jeunes fillettes font faire le beau à un petit chien, pendant que leur sœur aînée joue du xilophone, à droite, deux autres sœurs apportent une corbeille et une gerbe de fleurs à leur mère. Ces différents personnages sont en riches costumes garnis de dentelles, parés de perles. En perspective, on aperçoit le château seigneurial.

Toile : H. 2^m00 ; L. 3^m10.

PALAMÈDE

17 — *Le Corps de garde.*

Le capitaine, tout éperonné, la canne à la main, le chapeau à plume fièrement posé sur la tête, vient réveiller les soldats endormis, fait seller son cheval ; à droite, deux personnages fument la pipe, par terre sont dispersés des cuirasses, des arçons, un pistolet, une épée et un cruchon en grès.

Bois : H. 0^m88 ; L. 0^m60.

PORBUS et Daniel SEGHERS

18 — *Portrait de François Ier.*

Représenté de trois quarts, la tête tournée de profil, entouré d'une couronne de fleurs.
Œuvre des plus fine de touche.

Cuivre : H. 0^m17 ; L. 0^m12.

PRUD'HON (École de)

19 — *L'Aurore, guidée par l'Amour, venant réveiller Vénus.*

Peinture sur porcelaine.

H. 0^m14 ; L. 0^m10.

RICCI

20 — *Le Christ remettant à saint Pierre les clés du Paradis.*

Composition de nombreuses figures.

Toile : H. 0^m80 ; L. 0^m42.

ROMAIN (École de Jules)

21 — *La Vierge aux cerises.*

Toile : H. 0^m68 ; L. 0^m57.

RUYSDAEL (Salomon)

22 — *Un Canal de la Hollande.*

Une barque et un voilier chargés de personnages remontent le canal, des bœufs et des vaches viennent se baigner à droite, faisant fuir devant eux des canards.
Signé à droite du monogramme.

Bois : H. 0^m20 ; L. 0^m30.

REMBRANDT

23 — *Portrait d'un vieillard.*

La tête coiffée d'un turban, tenant à la main une
médaille à l'effigie d'une reine qui semble éveiller de
douloureux souvenirs dans sa pensée, expression remarquable.

Grande puissance de touche, tonalité claire.

Toile : H. 0^m31 ; L. 0^m24.

REMBRANDT (Attribué à)

24 — *Portrait de la sœur du Maître.*

Jolie petite peinture ovale sur cuivre.

H. 0^m070 ; L. 0^m050.

REMBRANDT (École de)

25 — *Portrait d'homme.*

Représenté en buste, habillé de noir, coiffé d'un
bonnet.

Miniature ronde : Diam. 0^m09.

ROOS (J.)

26 — *Ane et Moutons au pâturage.*

Fond de paysage accidenté.
Signé.

Toile : H. 0^m45 ; L. 0^m37.

TROUIN

27 — *Portrait d'un maréchal de camp.*

Représenté à mi-corps en armure, portant un grand cordon, perruque poudrée; au fond se déroule une scène de bataille.

Signé et daté 1734.

Bois : H. 0ᵐ21 ; Larg. 0ᵐ16.

TRINQUESSE

28 — *Portrait de la comtesse de Préaux.*

Représentée à mi-corps, en costume de cour de velours bleu, richement brodé, garni de dentelles, parée de joyaux, un manteau rouge négligemment drapé. La tête presque de face, la coiffure poudrée ornée de fleurs.

Très joli tableau.

Toile : H. 0ᵐ58; L. 0ᵐ73.

TITIEN (Attribué au)

29 — *La Famille du marquis de Ghast, réunie dans une composition allégorique.*

La mère est assise, le marquis en armure se tient debout derrière elle, sa fille accourt avec son jeune fils en Amour. Au fond un esclave porte une corbeille de fruits.

Toile : H.   ; L.   .

TENIERS (David)

30 — *Scène de l'Enfant prodigue.*

Sur la terrasse d'un château, au bord d'un canal
sillonné de barques. L'enfant prodigue, attablé avec deux
femmes, se fait verser à boire par un jeune serviteur,
pendant qu'un autre présente les mets. Un gentilhomme
accompagné d'un chien, debout, cause avec les convives,
une servante regagne l'intérieur du château; le manteau
rouge et le chapeau à plumes du maître de céans sont
jetés sur un banc au premier plan à gauche; dans une
vasque de cuivre, des flacons de vins fins sont à rafraî-
chir.

Sur l'autre rive du canal, l'entrée d'un château.

Œuvre d'une tonalité argentée pleine d'harmonie, et
qui permet d'apprécier tout l'esprit et la finesse répandus
dans l'attitude et la physionomie des personnages.

Signé à gauche.

Bois : H. o^m38; Larg. o^m52.

TENIERS (David)

31 — *L'Estaminet.*

Dans une grande salle sont attablés, causant, jouant
et fumant, des soldats, des paysans, une femme et des
vieillards, qui suivent avec intérêt la partie de cartes
qui se joue au premier plan et la conversation qui
semble assez animée dans le fond de la salle; un soldat,
le fusil sur l'épaule, sort par une porte de gauche

Signé à gauche.

Bois : H. o^m33; Larg. o^m5o.

TENIERS (David)

32 — *Portrait du Peintre.*

Assis la palette à la main, devant son chevalet, tout
de noir habillé, la tête regardant de trois quarts. Une
tenture rouge jetée sur son siège.

Bois : H. o^m12; L. o^m10.

TENIERS (Abraham)

33 — *Fumeurs se chauffant devant l'âtre.*

Toile : H. 0^m64 ; L. 0^m52.

WYNANTZ

34 — *Entrée de village.*

Sur la route, des personnages groupés assis et debout causent. A droite et à gauche, au milieu de verdure, se détachent les premières maisons bien proprettes aux toitures de tuiles rouges.

Toile : H. 0^m58 ; Larg. 0^m70.

VAN OSTADE (Adrian)

35 — *L'École du village.*

Composition de vingt petits personnages, les uns assis autour de la table commune, les autres suivant la leçon près du professeur, et quelques-uns distraits, s'amusant entre eux, trompant la vigilance du maître.
Signé à droite.

Bois : H. 0^m20 ; Larg. 0^m30.

VAN OSTADE

36 — *Jeune Homme en costume vert.*

Coiffé d'une toque, tenant une chope de grès dans la main gauche et un couteau dans la main droite.

Bois : H. 0^m20 ; L. 0^m25.

VAN OSTADE

37 — *Fumeur et Buveur.*

Assis dans une pièce des plus rustiques, causant, la chope en main.

Signé à gauche.

Bois : H. 0^m18; L. 0^m22.

VAN OSTADE

38 — *Arrêt à l'Auberge.*

On charge des barriques sur un haquet attelé d'un cheval, des personnages causent entre eux devant la porte, des enfants s'amusent.

Signé à gauche.

Bois : H. 0^m20; L. 0^m28.

VAN GOYEN

39 — *Canal de la Hollande.*

Avec barque chargée de personnages et vue de château dont les murailles baignent dans l'eau.

Bois : H. 0^m54; L. 0^m45.

VAN HOUT

40 — *Schj, ville des environs de Delft.*

La ville, aux constructions les plus variées, s'étend tout autour du canal. De nombreux bateaux y sont en station. Les quais sont animés de voitures et de personnages.

Tableau d'une grande finesse, tonalité des plus séduisante.

Signé à gauche et daté 1849.

Bois : H. 0^m60; L. 0^m75.

VAN DER NEER

41 — *Le grand Canal en Hollande.*

Sur les deux rives s'étendent des maisons de constructions variées et des moulins. Au premier plan, des
pêcheurs jettent leurs lignes, des bœufs s'engagent dans
l'eau à la suite d'un bac qui démarre. Des bateaux de
toutes formes, des voiliers, sillonnent le canal et se
perdent dans l'horizon. Merveilleux effet de clair obscur
permettant de découvrir les finesses du paysage jusque
dans l'infini.

Signé du monogramme.

Bois : H. 0^{m}50 ; L. 0^{m}75.

VAN DER NEER

42 — *Environs du Zuydersée.*

Sur toute la longueur du grand canal, s'étendent, de
chaque côté, des villages aux constructions variées Au
premier plan, des bateliers se disposent à embarquer,
des voiliers sillonnent le canal et se perdent dans l'horizon. Heureux effet de clair de lune.

Signé à droite du monogramme.

Bois : H. 0^{m}18 ; Larg. 0^{m}25.

VAN THULDEN

43 — *Sainte Catherine.*

Jolie peinture sur cuivre.

H. 0^{m}16 : L. 0^{m}14.

VÉRONÈSE (Paul)

44 — *David en prière.*

Beau coloris. Grande expression.

Toile : H. 0^m75 ; L. 0^m64.

WIT (Jacques de)

45 — *Petit Bacchus.*

Assis sur une chèvre, la coupe en main, regarde un autre enfant qui semble la lui demander.

Dessus de porte en grisaille, encadré d'une boiserie à fleurs et rocailles.

Toile : H. 0^m82 ; L. 0^m78.

VAN DER HELST

46 — *Portrait d'Homme.*

La tête tournée de trois quarts, habillé en noir avec col blanc rabattu.

Bois : H. 0^m12 ; L. 0^m10.

ÉCOLE FRANÇAISE (XVIᵉ SIÈCLE)

47 — *Portrait présumé de Sully.*

Représenté presque de face, en armure portant le grand cordon du Saint-Esprit.

Aquarelle ovale.

H. 0^m25 ; L. 0^m20.

ÉCOLE FRANÇAISE (XVIIIᵉ SIÈCLE)

48 — *Le Concert des Amours.*

Gracieuse composition.
Dessus de porte.

Toile : H. 0ᵐ50 ; L. 1ᵐ40.

ÉCOLE FRANÇAISE (XVIIᵉ SIÈCLE)

49 — *Bacchanale d'enfants.*

Allégorie de l'été,
Dessus de porte en grisaille.

Toile : H. 0ᵐ50 ; L. 1ᵐ40.

ÉCOLE FRANÇAISE

50 — *Portrait de Mlle de la Valière.*

Représentée assise, en costume de cour, parée de
joyaux.

Toile : H. 1ᵐ35 ; L. 1ᵐ00.

ÉCOLE FRANÇAISE

51 — *Jeune Fille en costume Louis XVI.*

Représentée de profil, coiffée d'un coquet bonnet, un
corsage en soierie claire avec fichu noir sur le devant.

Toile : H. 0ᵐ53 ; L. 0ᵐ45.

ÉCOLE FRANÇAISE

52 — *Portrait de la duchesse de Bourgogne enfant.*

Elle est debout, tenant des fleurs dans la main gauche, qu'elle vient de prendre dans une corbeille. Son costume, des plus coquets, amplement drapé, avec corsage à pointe enrichi de pierreries, le front ceint d'un diadème.

Toile : H. 0m65; L. 0m55.

ÉCOLE GRÉCO-RUSSE

53 — *La Vierge assise sur son trône.*

Glorifiée par les anges, tient son divin Fils sur ses genoux.

Peinture sur bois à fond d'or.

H. 0m45; L. 0m33.

ÉCOLE ITALIENNE (XVIIIe SIÈCLE)

54 — *Les Bords d'un lac d'Italie.*

Paysage des plus souriants animé de nombreux petits personnages.

Signé K. V.

H. 0m12; L. 0m17.

ÉCOLE ITALIENNE (XVIIIe SIÈCLE)

55 — *Portrait du compositeur Viotti.*

Assis près d'une console en tenue de travail, tenant un livre de musique ouvert. La contre-basse et l'archet sont appuyés contre la console.

Bois : H. 0m22; L. 0m30.

ÉCOLE DU XVe SIÈCLE

56 — *La Vierge et l'Enfant.*

Peinture sur bois, le haut cintré.

H. 0^m48; L. 0^m33.

MINIATURES, GOUACHES
FIXÉS

LEBEL

57 — *La Partie de volants.*

Plusieurs personnages de la comédie italienne sont
réunis dans un parc.
Signé du monogramme.

Petite gouache : H. 0^m025; Larg. 0^m060.

LOUTHERBOURG

58 — *Le Buveur et le Fumeur.*

Deux gouaches se faisant pendants.

H. 0^m10; Larg. 0^m08.

ÉCOLE FRANÇAISE

59 — *Le Duo.*

60 — *L'Arrivée au château.*

Deux petites gouaches ovales.

ÉCOLE FRANÇAISE

61 — *Les Travaux champêtres.*

Gouache du xviiie siècle pour éventail.
Encadrée.

62 — *Mars, Vénus et l'Amour.*

Peinture sur émail.
Cadre à fond d'ornements argentés, moulure guil-
lochée.

Hauteur totale, 0^{m}22 ; Larg. 0^{m}20.

63 — *Portrait présumé de Mme de Maintenon.*

Miniature ovale : H. 0^{m}080 ; L. 0^{m}070.

64 — *Jeune Femme du temps de Louis XV, en
pèlerine.*

Miniature : H. 0^{m}05 ; L. 0^{m}18.

65 — *Bergère et troupeau aux environs d'une
ferme.*

Peinture ronde sur carton : diam. 0^{m}08.

ÉCOLE ITALIENNE (XVIIe SIÈCLE)

66 — *Le Martyre de saint Jean.*

67 — *Le Martyre de saint Laurent.*

Deux importantes et remarquables miniatures. Compo-
sitions de nombreuses figures. Œuvres sans aucun doute
d'un des maîtres qui, en cet art si délicat, illustrèrent
l'École italienne à cette époque.

H. 0^{m}28 ; L. 0^{m}20.

ÉCOLE ITALIENNE (XVIIIe SIÈCLE)

68 — *La Sainte Trinité.*

Cuivre : H. 0^m12; L. 0^m10.

ÉCOLE ITALIENNE

69 — *Portrait du Pape Jules II.*

Représenté à mi-corps, presque de face.

Miniature ovale : H. 0^m10; L. 0^m07.

70 — *Deux Portraits.*

Reine et Sainte dans un même cadre à rocailles en argent.

Cuivre : H. 0^m70; L. 0^m10.

71 — *Jeune Femme chantant.*

S'accompagnant sur son épinette.

Miniature : H. 0^m10; L. 0^m08.

ÉCOLE DU XVIIIe SIÈCLE

72 — *Berger et troupeau.*

Fixé rond. Diam.: 0^m080.

73 — *Parc d'un château animé de personnages.*

Fixé rond. Diam. 0^m10.

MEUBLES

—

74 — Très curieux Meuble d'aspect architectural en bois
sculpté et partie doré, montants à clochetons et à
figurines, cotés à ogives fleuronnées offrant au
fond dans le bas et en haut relief l'*Adoration des
Rois Mages*, sur le panneau de la porte en peinture de l'époque : *la Naissance de l'Enfant Jésus*,
couronné par un fronton sculpté à jour. Fin du
XVe siècle.

75 — Paravent à quatre feuilles en satin noir, orné
d'applications de grandes plantes en broderie et peinture, gainé de peluche rouge.

76 — Paravent triptyque dans le goût oriental, le panneau du milieu fond vert brodé d'argent, les panneaux de cotés en peluche rose, encadré de galons
d'argent.

77 — Deux Fauteuils Renaissance à dossiers carrés,
noyer sculpté, à cariatides de personnages, têtes de
béliers et de lions, couverts en ancien velours de
Gênes, dessin à ornements et ramages en rouge et
cannetillé sur fond blanc.

78 — Belle Stalle en bois sculpté, fond et panneaux de
devant à ogives avec armoirie au centre, le fronton à
voussure avec clochetons aux extrémités et bustes
d'anges en prières offre au centre un écusson porté
par deux figures d'anges agenouillés. Style gothique.

79 — Bras d'applique portant une lanterne forme monument à colonnes avec dôme à coupole en bois
sculpté, partie peint, partie doré, travail vénitien.
Fin xvie siècle.

80 — Beau Trumeau en bois sculpté et doré, dessin à
coquilles et ornements fleuronnés avec peinture de
l'école française représentant la *Déclaration*, composition de plusieurs personnages, xviiie siècle.

81 — Cabinet hispano-mauresque en bois sculpté, intérieur d'aspect architectural, extérieur orné d'arma-
tures et d'appliques en fer découpé et doré xvie siècle.

82 — Belle chaise à porteurs formant vitrine offrant tout
autour des médaillons à groupes d'Amours, bouquets
de fleurs, encadrements à rocailles enguirlandées
avec armoiries de chaque coté, peinture polychrome
rehaussée d'or sur fond vert d'eau. Epoque Louis XV.
Gradin et intérieur garni de peluche rouge. Etagère
bordée d'anciennes dentelles d'argent.

83 — Grande Banquette noyer sculpté, dossier avec
fronton à voussure, divisé par compartiments,
rosaces au milieu, montants à colonnes torses
finement fuselées, accotoirs à têtes de personnages,
bandeaux à gaudrons, style xvie siècle.

84 — Petite Crédence de style gothique en bois sculpté
ouvrant à deux portes, fronton à voussures, piete-
ment finement fuselé.

84 *bis* — Chaise longue couverte en velours de lin
chaudron.

85 — Modèle de petit trône en bois sculpté et doré, fond
de peluche rouge. Style xviie siècle.

86 — Deux Lanternes processionelles en fer doré, forme
à pans avec croissant, hampe en peluche rouge et
galons dorés xviᵉ siècle.

87 — Grosse Colonne support en peluche rouge.

88 — Berceau d'enfant en bois sculpté, fond bleu
reliefs dorés, à oiseaux et bouquets de fleurs sur fond
treillagé. xviiiᵉ siècle.

89 — Berceau oriental orné d'incrustations de nacre.
Travail ancien.

89 *bis* — Tabouret oriental incrusté d'écaille et de
nacre.

90 — Support en bois sculpté à figure d'esclave
accroupi.

91 — Petit Autel portatif avec groupe de Vierge et enfant en bois sculpté sous un monument à colonnes
reliées par des guirlandes supportant une couronne fleurdelisée renfermé dans une cage vitrée.
xviiᵉ siècle.

92 — Petit Traîneau en bois sculpté et doré forme d'aigle
attaqué par un serpent, socle et intérieur gainé de
velours rouge, disposé en petite banquette.

MARBRES

93 — **Marbre blanc.** *Vanita.* Très remarquable statue de jeune fille presque nue, debout, relevant son abondante chevelure et se mirant coquettement dans un miroir; à ses pieds, un coffret rempli de bijoux. Posée sur fût de colonne en marbre blanc, orné de guirlandes de fleurs suspendues à des nœuds de rubans, en bas-relief.

94 — **Marbre blanc.** *Rêverie.* Joli buste de jeune femme drapée dans un peplum, coiffure à la grecque ornée de roses. Signé Ch. VEECK.

BRONZES

OBJETS D'ART DÉCORATIFS

95 — Très joli Lustre à seize lumières, forme bosquet fleuri avec figures d'Amours suspendus dans les feuillages, en porcelaine de Saxe, fleurs en pâte tendre, monture en bronze à rocailles, style Louis XV.

96 — Paire d'Appliques à cinq lumières, de même style.

97 — Garniture de Cheminée, pendule et deux candé-
labres, avec figurines et groupes d'oiseaux sous des
bosquets fleuris, monture bronze doré, style rocaille.

98 —. Applique à une lumière, en bois sculpté, car-
touche fleuri surmonté d'une couronne. xviie siècle.

99 — Lanterne en cuivre repoussé, garni de vitraux.
xviie siècle.

100 — Deux Appliques à trois lumières pour bougies, et
trois pour veilleuses, en bronze découpé à jour, style
xvie siècle.

101 — Paire d'Appliques, en fer repoussé, à double
fleurs de lys, à quatre lumières, rinceaux feuillagés,
style xvie siècle.

102 — Lustre à douze lumières, en fer forgé, à rinceaux
tors et feuillagés.

103 — Petite Pendule du xviiie siècle, forme cheminée,
avec trumeau et sa garniture, sous un arceau fleuri,
en bronze doré et porcelaine de Saxe.

104 — Lanterne de mosquée, forme monumentale, en
cuivre gravé et repercé à jour, avec dôme couronné
par un paon. Travail ancien d'Orient.

105 — Lanterne en cuivre, ornée de vitraux. Époque
Louis XIII.

106 — Pendule forme lyre, en bronze ciselé et doré,
enrichie de pierreries, couronnée par un soleil, se
terminant en têtes d'aigles tenant dans leurs becs
des clochettes, le socle avec bas-relief allégorique
aux Vendanges. Premier Empire.

107 — Deux Appliques à six lumières, en fer forgé et doré, modèle à branchages fleuris. Époque Louis XIII.

108 — Joli petit Rouet, en bois et bronze doré. XVIIe siècle.

109 — Mandoline ornée d'incrustations de nacre et d'écaille, dans sa boîte. XVIIIe siècle.

110 — Pagode, en laque d'or ancien, renfermant Boudha porté par l'éléphant blanc couché, posant sur socle en bois sculpté et doré, garniture en cuivre gravé et doré. Supportée par une table en laque de Pékin.

ARMES

—

111 — Arbalète, avec son crenequin, ornée de fines incrustations d'ivoire, dessin chasseur à cheval sonnant du cor, des chiens courant au milieu d'arabesques, datée de 1750.

112 — Fusil Hammerless, à deux coups.

113 — Fusil à deux coups, de Gastine Reinette, canon Bernard.

OBJETS EN ARGENT

114 — Très jolie Lampe juive, dite de Hanouka, en argent repoussé, forme de temple, avec figurines allégoriques dans des niches et fronton à écusson supporté par des lions héraldiques. Epoque Louis XIV. Pièce rare.

115 — Joli Reliquaire en argent repoussé renfermant un groupe en corail finement sculpté représentant l'*Assomption de la Vierge*. Epoque Louis XIII.

116 — Six Salières en argent, modèle Louis XVI à écussons, figures d'Amours et guirlandes.

117 — Deux bouts de table, même modèle, reliés par des obélisques.

PORCELAINES, FAIENCES

118 — Ecritoire en bronze doré, style rocaille surmonté d'un bosquet fleuri avec figurine de Scapin en porcelaine de Saxe.

119 — Deux grandes Potiches forme tulipe du Japon, décor à dragons et grandes fleurs parties laquées or et noir sur fond rouge et bleu sur blanc, supports en bois noir à têtes d'éléphants.

120 — Jolie Jardinière forme conque, portée par des chevaux marins avec enfants tritons tout autour en porcelaine de Capo di Monte.

121 — Vasque en porcelaine de Chine, fond jaune, décor en relief en émaux de couleur à oiseaux de paradis et dragons, accompagné d'un grand palmier phénix naturel.

122 — Jolie petite Pendule en forme de cartel en ancienne faïence de Delft, décor polychrome avec médaillons réservés en bleu sur blanc et orné de trois figurines d'Amours se détachant en ronde bosse.

123 — Petit Traîneau miniature en ancienne faïence de Delft, décor médaillon, marine et personnages en bleu sur blanc.

124 — Figurine de petit porteur d'eau en ancienne faïence de Delft.

125 — Plat rond dit à reptiles de la suite de Palissy.

126 — Plat ovale en faïence à sujet mythologique, bordure à mascarons, de la suite de Palissy.

127 — Plat rond de la suite de Palissy à sujet mythologique, bordure, enfants et mascarons.

128 — Très grand et beau groupe de Saxe, représentant *Le Temps* portant un cartel et un enfant tenant une fleur, assis sur un rocher.

129 — Petite Fontaine à liqueur forme baril avec figurine de hussard assis dessus, posé sur support triangulaire orné de statuettes d'enfants assis sur des consoles.

130 — Deux consoles supports en faïence italienne à
figures d'enfants.

131 — Grand groupe de Saxe de trois figures en costume Louis XVI : *La Déclaration.*

132 — Fontaine de Delft, formée par une femme assise,
décor polychrome.

133 — Joli Plat à barbe en Delft doré, bordure à
coquilles et lambrequins. Au centre, un cartel représentant une allégorie à la Cène.

134 — Bénitier forme architecturale avec figurine en
ronde bosse faïence d'Urbino. xviie siècle.

135 — Service à thé en porcelaine d'Amstel, décor
marines et dessins à rehauts d'or, composé d'une
théière, un bol, un pot à crème, un sucrier et douze
tasses avec soucoupes.

136 — Milieu de table en faïence italienne : groupe de
Tritons portant des coquilles couronnés par Sapho.

137 — Grosse Potiche avec couvercle en faïence de
Gien, décor en bleu sur blanc, avec lézard et magot
chinois en relief, ton violacé.

138 — Carosse de gala en porcelaine avec personnages à
l'intérieur : marquis à la portière, cocher et laquais.

139 — Groupe de Saxe : jardinier et jardinière.

140 — Deux Bonbonniers tenues par des figures assises
de Saxe, terrassement à rocailles.

141 — Deux Groupes vide-poches : paysan et paysanne
tenant des paniers ouverts en porcelaine de Bow.

1 42 — Groupe de trois figures en vieux Saxe, représen
tant Énée sauvant son père anchise.

1 43 — Plaque en ancienne faïence de Castelli, représentant le Chemin de la Croix. Encadrée.

TAPISSERIES

144 — Très jolie Tapisserie d'Aubusson du xviiⁱᵉ siècle,
représentant le Festin champêtre. Plusieurs personnages sont attablés devant une ferme; et, en face
d'eux, assis au pied d'un arbre, un paysan et une
paysanne les regardent. Bordure à grecque enguir-
landée de fleurs.

145 — Tapisserie dite verdure, animée de volatiles avec
bordure simulant un cadre. xviiⁱᵉ siècle.

146 — Dessus de porte en tapisserie du xviiⁱᵉ siècle,
représentant un jeune galant aux genoux d'une
paysanne, dans un parc, avec cariatide du dieu Pan,
partie encadrée de rocailles.

147 — Deux jolies Tapisseries du xviiⁱᵉ siècle, représentant des parcs avec fleurs et monuments animés
de faisans, villages en perspective. Bordure à fond
jaune et rouge simulant un encadrement, dessin
à rinceaux, rocailles et coquilles.

TENTURES, BRODERIES

148 — Très belle Tenture de mosquée, composée de
quatre panneaux, offrant vingt-six arceaux en velours
rouge et velours bleu, avec riches applications de
satin polychrome dessinant des motifs d'architecture
très ornementés ; au-dessus et en bas des bordures à
arabesques multicolores, également en applications
sur fond de velours, et tout le dessin serti au cordonnet très fin.

149 — Magnifique Panneau de tenture en velours rouge,
enrichi de fines et riches broderies, offrant au milieu
les armes d'un cardinal, surmonté du chapeau et
entouré d'arabesques à grandes fleurs lobées, et
feuillages à paillettes en argent et vermeil. xvıe siècle.

150 — Dessus de selle en velours rouge, richement
brodé, à paillettes. Travail ancien d'Orient.

151 — Décor de Loggia, formé par une tenture flot-
tante, avec draperie en peluche rouge, garnie de
franges et de cordelières à gros glands.

152 — Panneau à fond de glace, encadré d'un ancien
tapis de prière oriental en broderie, et applications
polychromes.

153 — Petit Tapis rectangulaire, en ancienne broderie
d'or et d'argent, à fleurs et ramages ; le milieu sur
fond satin rouge, bordure sur fond satin vert pâle.

154 — Très beau Devant d'autel, tout en broderie de
vermeil, à armoirie au centre et entrelacs fleuris, sur
fond de satin rouge. xvıe siècle.

155 — Beau Devant d'autel, richement brodé d'or, d'argent et de soie, offrant au centre un vase avec tulipe au milieu de rinceaux et d'arabesques feuillagées et fleuris sur fond satin rouge. xvi° siècle.

156 — Tapis de prières ancien d'Orient, brodé en fin sur fond velours rouge avec rosace au centre et encadrement à fleurs et entrelacs.

157 — Devant d'autel en point de Hongrie, dessin à gerbes fleuries entrelacées, sur fond blanc argent. xvii° siècle.

158 — Bandeau en ancien velours vert, semé de croix feuillagées, bordure à palmes, offrant aux deux extrémités des cartouches d'armoiries. xvi° siècle.

159 — Tunique de héraut d'armes, en velours rouge de Venise, orné d'applications de satin jaune serties au cordonnet, ceinture et épaulettes en ancien velours de Gênes. xvi° siècle.

160 — Joli Costume de mandarin, composé d'une casaque en satin bleu turquoise, brodé de dragons impériaux et de chauves-souris, avec gilet en satin brodé à fleurs.

161 — Corset fond rouge, avec galons et applications pailletées. Travail napolitain.

162 — Corset en soierie jaune brochée, avec devant à pointe en ancienne dentelle d'argent.